Was ist Lernen an Stationen?

Beim Lernen an Stationen handelt es sich um eine Form selbstständigen Arbeitens, bei der

- □ unterschiedliche Lernvoraussetzungen,
- □ unterschiedliche Zugänge und Betrachtungsweisen,
- □ unterschiedliches Lern- und Arbeitstempo
- □ und häufig fächerübergreifendes Arbeiten

berücksichtigt werden.

Grundidee

Den Kindern werden Arbeitsstationen zur individuellen Bearbeitung angeboten, an denen sie selbstständig, in beliebiger Abfolge und meist auch in frei gewählter Sozialform entsprechend ihren Möglichkeiten und Fähigkeiten arbeiten. Damit soll ihnen optimales Lernen und Üben ermöglicht werden.

Herkunft und Entwicklung

Die Idee des Lernens an Stationen, auch Lernzirkel genannt, kommt ursprünglich aus dem Sportbereich. Das „circuit training", von Morgan und Adamson 1952 in England entwickelt, stellt den Sportlern unterschiedliche Übungsstationen zur Verfügung, die sie der Reihe nach oder in freier Auswahl durchlaufen.

Eine Übertragung dieser Lernform auf Unterrichtsinhalte in verschiedenen Fächern wurde zunächst an der Schallenbergschule in Aidlingen/Baden-Württemberg, später am Seminar für schulpraktische Ausbildung in Sindelfingen und seit etwa 1980 an vielen Schulen aufgegriffen und stetig weiterentwickelt.

Der Herausgeber und die Autoren stellen die Ergebnisse ihrer eigenen praktischen Arbeit und Erfahrung in dieser Reihe vor und bieten ihre Materialien als Grundlage für den direkten Einsatz oder als Grundlage für eine Anpassung an eigene Bedürfnisse an.

Zielrichtungen

Das Lernen an Stationen kann unterschiedliche Ziele verfolgen:

- □ durch ein breites Angebot optimales Üben ermöglichen, das die verschiedenen Lerneingangskanäle, allgemeine Übungsgesetze, unterschiedliche Aufgabenarten, Schwierigkeiten und Hilfestellungen berücksichtigt,
- □ vertiefendes Bearbeiten eines Inhalts beziehungsweise eines Themengebietes, indem Kinder nach zuvor gestalteter Übersicht oder Einführung die Inhalte auf ihre Art, mit ihren Möglichkeiten und in ihrem individuellen Tempo auf unterschiedlichen Ebenen selbstständig bearbeiten,
- □ selbstständig Themengebiete erarbeiten, indem die Kinder durch angemessene Arbeitsangebote Sachverhalte hinterfragen, erforschen, erfahren, gestalten usw.,
- □ Angebote aus Schulbüchern oder Medien unter ganzheitlicher Betrachtungsweise aufarbeiten, indem die Kinder Aufgabenstellungen zu Teilgebieten mit unterschiedlicher Betrachtungsweise und auf unterschiedlichen Ebenen fächerübergreifend bearbeiten.

Organisation

Die einzelnen Arbeitsaufträge geben den Kindern klare oder offene Aufgabenstellungen mit eindeutigen Anweisungen. Die Angebote werden im Klassenzimmer zur Verfügung gestellt, indem der Arbeitsauftrag durch Aushängen oder Auslegen bereitgestellt wird. Dazu bietet sich zum Schutz das Verpacken in Prospekthüllen an.

Als Ort zum Aushängen eignen sich alle Wand- und zum Teil auch die Fensterflächen. Pinn-Nadeln oder Nägel (Nagelleisten) erleichtern das Aufhängen und Abnehmen. Beim Auslegen der Arbeitsangebote bzw. -aufträge helfen Ablagekörbe, Ordnung zu halten.

Das Bereitstellen außerhalb der Schülerarbeitstische (also auf Fensterbänken, Nebentischen oder durch Aufhängen) erübrigt das tägliche Aufbauen und Wiederabräumen, stellt also eine große zeitliche und organisatorische Erleichterung dar. Falls im „Fachlehrerbetrieb" der ständige Abbau nötig ist, sind ineinander stapelbare Ablagekörbe, in denen die Aufträge verbleiben, sehr hilfreich.

Die Kennzeichnung der einzelnen Stationen durch Ziffern, Buchstaben oder Symbole hilft den Kindern bei der Orientierung. Durch bewusste Verwendung dieser Ordnungsangebote kann die Struktur des Themengebietes oder eine andere Struktur (z. B. Arbeitsform o. Ä.) gleichzeitig verdeutlicht werden.

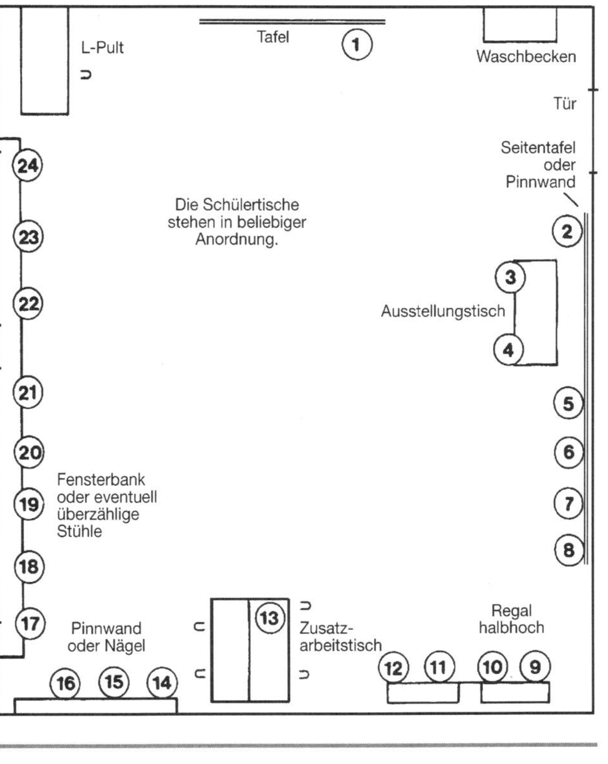

Eine Fortschrittsliste bzw. ein Laufzettel gibt Kindern wie Lehrkräften jederzeit eine Rückmeldung über den derzeitigen Bearbeitungsstand und dient der Übersicht.

Bearbeitungsdauer

Die tägliche Bearbeitungszeit sollte in der Regel etwa eine, im Höchstfall bis zu zwei Unterrichtsstunden betragen. Der insgesamt mögliche Zeitrahmen ist den folgenden Hinweisen zur aktuellen Thematik zu entnehmen.

Auswahlangebote

Den Kindern ist sinnvollerweise ein Auswahlangebot zu ermöglichen. Minimalanforderungen können von der Lehrerin oder dem Lehrer definiert werden. Als Orientierungshilfe finden Sie dazu in den Hinweisen zu diesem Themenheft weitere Angaben.

Einführung

Eine besondere Einführung erübrigt sich meist, wenn die Kinder bereits vor Beginn der eigentlichen Arbeit die Stationen und ausgelegten Materialien ansehen können. Die kindliche Neugier sowie gegenseitige Informationen und Gespräche machen dann nur noch in seltenen Fällen eine Vorstellung einzelner Stationen und die erstmalige Zuweisung der Anfangsstation erforderlich.

Sonstige Tipps

Organisatorische Bedingungen und Festlegungen sind möglichst an der konkreten Situation und erst beim tatsächlichen Bedarf zu klären und zu regeln. Ist die Klassenstärke größer als die Anzahl der zur Verfügung stehenden Arbeitsstationen, können Sie die einzelnen Arbeitsaufträge mehrfach anfertigen. Weitere Hinweise zur Organisation, zu den Inhalten und zum Lernen an Stationen allgemein finden Sie im Einführungsband zu dieser Reihe, der unter dem Titel *Lernen an Stationen in der Grundschule. Ein Weg zum kindgerechten Lernen* beim Cornelsen Verlag Scriptor (ISBN 3-589-21108-3) erschienen ist.

Roland Bauer
(Herausgeber)

Allgemeine Hinweise zu diesem Themenheft

Zur Thematik „Sachaufgaben“

Aus der eigenen Schulzeit resultierend verbinden wohl die meisten Menschen (Lehrkräfte, Schülerinnen und Schüler und solche die es einmal waren) Sachaufgaben mit Textaufgaben und verwenden wohl viel eher den Begriff Sachrechnen. Wir verstehen den Begriff Sachaufgaben als Oberbegriff. Sachaufgaben sind die Grundlagen, an denen im Mathematikunterricht an der Sache gerechnet werden kann.

Diese Sachaufgaben können dann in ganz unterschiedlicher Form angeboten werden:

- in Form von Bildern (als Ersatz für Echtsituationen)
- als Handlungsanweisung, als Handlung
- in Tabellenform
- als Geschichten
- als Textaufgaben im herkömmlichen Sinne

Sachaufgaben, egal in welcher Form angeboten, beinhalten damit einen klaren Auftrag und dienen folgenden Zielen:

- Sie sind Ausgangspunkt, Quelle für Fragestellungen.
- Sie fordern die Kinder zum Beobachten, Fragen, Vermuten und Erkunden auf.
- Sie sind Felder der Erprobung und Übertragung von bisherigem und neuem Wissen.
- Sie bauen die Kommunikation unter den Kindern auf.
- Sie veranlassen die Kinder zu eigenen Lösungsansätzen, Entwürfen, Nachbildungen.
- Sie stellen Ergebnisse klar heraus und formulieren so deutlich wie möglich.
- Sie verlangen eine Rückbesinnung auf den Gang der Problemlösung.
- Sie fordern auf, über den Wert der Lösung und des Lösungsweges zu sprechen.
- Sie sollen die Kinder ermuntern, die Gedanken und Erkenntnisse auf weitere Situationen zu übertragen.

Unter diesen Gesichtspunkten ist es ausgeschlossen, fertige Muster zur Bearbeitung von Textaufgaben anzubieten, die für die Kinder bei kleinsten Unterschieden in der Aufgabenstellung nicht mehr anwendbar sind.

Die vielfältigen Angebote sollen bei den Kindern ein Grundverständnis erzeugen, Handlungserfahrungen ermöglichen und selbst Strategien entwickeln lassen. Die Kinder benötigen auch bei künftigen Herausforderungen zunächst dieses Grundverständnis für eine Situation, für einen Sachverhalt, für eine Textaufgabe.

Dazu sind für uns unterschiedliche Repräsentationsebenen (in Anlehnung an BRUNER) unabdingbar, also Situationen

- auf der Handlungsebene,
- auf der ikonischen (zeichnerischen/bildnerischen) Ebene und
- Situationen auf der symbolischen Ebene, also mit Verwendung von Zahlen und Buchstaben, auch in Textform.

Zum Grundansatz und zu den Zielen des Heftes

Aus den obigen Ausführungen leitet sich der hier angestrebte Umgang mit Sachaufgaben ab:

Kinder müssen beim Lösen von Sachaufgaben bereits vorhandene Kenntnisse über Sachverhalte anwenden.

Deshalb werden den Kindern in den unterschiedlichen Formen Situationen angeboten,

- die sich an ihrem Lebensbereich orientieren,
- die sie verstehen können,

- bei denen sie Informationen erhalten und
- aus denen sich letztendlich auch eine Rechennotwendigkeit ergibt.

So können die Kinder Echtsituationen kennen lernen und Situationen, die ihnen in Textaufgaben und ähnlichen Aufgabenstellungen im Unterricht begegnen, auf diese Grunderfahrungen zurückführen und sie verstehen. Sie haben damit einen anderen Lösungsansatz als bei der direkten Suche nach einer Lösung auf der Ebene der Zahlen und Rechenzeichen.

Die Umwandlung von einer Repräsentationsform in eine andere hat damit eine zentrale Aufgabe und stellt eine herausragende Verstehens- und Lernhilfe dar.

Konkret sind dies:

- Umsetzung der Handlungserfahrung in eine Zeichnung oder in Textform
- Umsetzung einer Zeichnung/eines Bildes in eine Handlung oder in Textform
- Rückwandlung von der Textform in die Ursprungssituation oder in eine Zeichnung

Weitere Begründungen für den erweiterten Ansatz beim Lösen von Sachaufgaben:

- Bei den Kindern wird durch den Umgang mit konkretem Material das Vorstellungsvermögen und das Problembewusstsein geschult.
- Die Offenheit von Spielsituationen lassen nicht nur individuelle Lösungen zu, sondern fordern diese geradezu heraus.
- Der Lebensbezug ist damit viel eher gegeben als mit den sehr eindeutigen Ergebnissen üblicher Aufgaben. Meist stellen herkömmliche Aufgaben Lebenssituationen und Lösungen dar, wie sie im „richtigen“ Leben (vor allem auch der Kinder) in dieser Form nie vorkommen. Auf diese Weise wird leider auch viel Unverständnis erzeugt, weil dann die Kinder weder aus der Sachlage noch aus der Darstellungsform Verständnis und Einsicht entwickeln können.
- Situationsdarstellungen mit Hilfe von Bildern sind anschaulicher und für fast alle Kinder leichter zu erfassen.
- Die Sachsituationen sind weitestgehend der unmittelbaren Umgebung der Kinder entnommen, um sie als Ausschnitt der Wirklichkeit erkennbar zu machen.

Sachaufgaben beziehen sich nach der allgemein gültigen Definition auf den Umgang mit Größen. Aus diesem Grund sind in den angebotenen Situationen jeweils die Größenbereiche Geld, Längen, Zeit, Gewichte und zusätzlich noch Anzahlen berücksichtigt.

Die Zusammenhänge und Vorgehensweisen als Überblick:

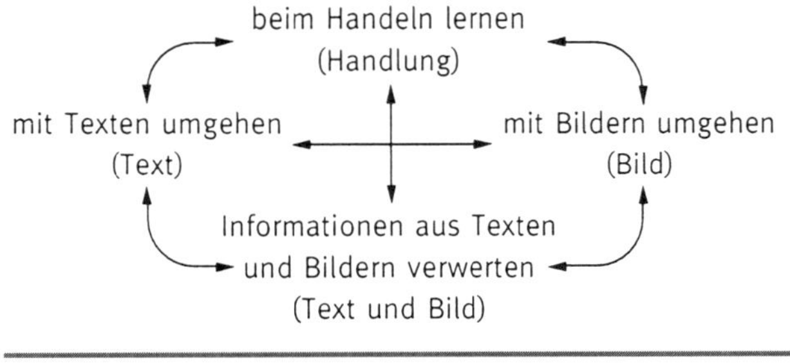

Folgende Aspekte und Zielvorstellungen sind von besonderer Bedeutung:

Die Materialien und Kopiervorlagen

- ermöglichen den Kindern selbstständigen Umgang und individuelle Erfahrungen mit unterschiedlichsten Sachproblemen,
- stellen den Umgang mit Situationen und unterschiedlichen Darstellungen in den Mittelpunkt,
- bieten Anregungen und Hilfen, Sachverhalte zu verstehen oder Sachverhalte und Aufgabenstellungen zu entwickeln, die dem Leistungsvermögen der Kinder entsprechen.

Damit wird für die Lehrkraft auch eine sehr detaillierte Beobachtungsmöglichkeit im Hinblick auf Schwerpunktsetzungen, Strategien, bevorzugte Darstellungsformen, mögliche Lösungshilfen und auf Prozesse gegeben, und nicht nur auf Ergebnisse.

Ferner sollen die Angebote den Kindern

- selbstverantwortliches Arbeiten und Selbstkontrolle ermöglichen (so weit diese durch offene Prozesse immer direkt möglich ist),
- die Entscheidung bezüglich der Sozialform so weit als möglich selbst überlassen,
- Anregungen geben, selbst Aufgaben und Problembeschreibungen zu erstellen, um vor allem auch aktiv orientierten Lerntypen gerecht zu werden,
- die Festlegung von Quantität und Schwierigkeitsgrad über Mindestanforderungen und offene Aufgabenstellungen weitgehend selbst überlassen werden.

Möglichkeiten für die Hinführung und die Gestaltung von Teileinheiten

Die Angebote können höchstens in Klasse 4 als komplettes Angebot zur Verfügung gestellt werden. In der Regel wird sich in Anlehnung an einen aktuellen Größenbereich aus dem Unterricht das Bearbeiten von Sachaufgaben unter den von uns gesetzten Schwerpunkten anbieten:

- Beim Handeln lernen
- Mit Bildern umgehen
- Informationen und Bilder verwerten
- Mit Texten umgehen

Eine andere Vorgehensweise unter Verwendung von Teileinheiten kann die möglichen Umgangsmöglichkeiten mit Sachaufgaben in den Vordergrund rücken.

Die Kinder lernen dabei

- in der eigenen Handlungserfahrung Situationen kennen, die häufig in Textaufgaben erscheinen. Sie kennen und erzeugen dafür ein Grundverständnis, das für die Lösung von Textaufgaben unabdingbar ist,
- Bilder auszuwerten und mit vorhandenen Texten u.U. in Verbindung zu bringen (Hier ist eine weiterführende Aufgabenstellung Bindeglied zu Textaufgaben in Aufgabensammlungen oder im Buch: „Suche zu dem Bild im Buch „passende“ Textaufgaben!“
  Es steht also die Zuordnung zu Problembereichen und Sachverhalten und nicht die sofortige Lösung im Vordergrund!),

- Informationen aus Bildern und zugehörigen Texten miteinander zu verknüpfen und schaffen damit die Grundlage für Verbindungen zu Textaufgaben in vorgenannter Form,
- mit Texten umzugehen, in dem sie zu Sachverhalten Geschichten schreiben, aus Texten wichtige Informationen entnehmen, Geschichten selbst bis zur Textaufgabenform reduzieren, Textteile in der richtigen Reihenfolge zusammenfügen und natürlich Texte auch in Handlung umsetzen.

Dazu können aus dem Angebot jeweils Stationen entnommen werden, die dem Leistungsvermögen und dem Kenntnisstand der jeweiligen Klassenstufe entsprechen.

Ein Lerngang und die Suche nach Sachproblemen sind konkrete Anlässe für die Kinder und bauen auf jeden Fall auf der unmittelbaren Erfahrung der Kinder auf und knüpfen an deren konkreten Lernumgebung an. Fotos von solchen Anlässen oder Darstellungen bringen zum einen sofort unmittelbar die nächste Repräsentationsebene ein und sind im Unterricht Anknüpfungspunkt für die weitere Bearbeitung auf ganz unterschiedlicher Ebene. Die Kinder können dann mit diesen Bildern z. B. entsprechend der Angebote und Hinweise aus den einzelnen Stationen selbst adäquat verfahren.

Eine direkte Einführung in das Thema Sachaufgaben sollte lediglich in einem derartigen konkreten Kennenlernen unterschiedlicher Darstellungsformen und Zugangsformen erfolgen. Die Kinder erhalten dann im weiteren Unterricht die Möglichkeit, ihre Strukturen und Lösungsstrategien jeweils selbst zu entwickeln.

Gliederungshilfen

Es empfiehlt sich, die einzelnen Themenschwerpunkte (nach der Zugangsart) auf jeweils unterschiedlich farbiges Papier zu kopieren. Eine Unterscheidung nach Größen (bei unterschiedlichem Angebot) verhindert bei den Kindern die eigene Suche nach der entsprechenden Größe und Schlussfolgerung und wird von uns daher nicht empfohlen.

Arbeitsblätter oder einzelne Aufgabenstellungen können sowohl als Kopie als auch in einer Prospekthülle angeboten werden. Folierte Unterlagen ermöglichen die Beschriftung mit Folienstift und sind langfristig haltbar.

Die Symbole der lachenden Gesichter verweisen darauf, dass die Bearbeitung dieser Station am besten in Partnerarbeit ☺☺ oder Gruppenarbeit ☺☺☺ erfolgen soll.

Hinweise auf Zusatzaufgaben dienen sowohl der Differenzierung als auch der Orientierung der Kinder.

Die Kinder sollten vor Beginn der Arbeiten den Hinweis erhalten, was mit ihren selbst erstellten Aufgaben und möglichen Aufschrieben geschieht.

Dabei bieten sich an:

- ins Heft schreiben
- einzelne Blätter beschriften, die als ein Sachaufgabenbuch mit Erweiterungsmöglichkeit zusammengestellt werden
- auf einem Plakat öffentlich machen
- den anderen Kindern in einer Prospekthülle als Aufgabensammlung (oder Lösungsmöglichkeit) zur Verfügung zu stellen.

Auswahlangebot

Unabhängig vom gewählten Schwerpunkt und der entsprechenden Auswahl kann den Kindern ein zu erfüllender Pflichtteil durch Angabe einer Anzahl klar definiert werden. Eine direkte Festlegung oder gar die pflichtgemäße Erledigung aller Aufgaben widerspricht dem gewählten Ansatz, dass Kinder ihre eigene Strategie finden und entwickeln können und sollen. Es würde dem Anliegen des Lernens an Stationen entgegenwirken, das auf eine individuelle kind-orientierte Bearbeitung eines Lern- oder Übungsinhaltes abzielt. Der Hinweis an die Kinder, dass zu jedem Themengebiet z. B. mindestens 3 oder 4 Aufgaben zu bearbeiten sind und ansonsten so viele, bis sich ein Kind in diesem Bereich sicher fühlt, hat sich in der Unterrichtspraxis sehr bewährt.

Kontrollmöglichkeiten

Die einzelnen Stationen enthalten im Bedarfsfalle Hinweise zur Kontrolle. Meist wird die Partnerkontrolle oder die Rückmeldung durch die Lehrerin/den Lehrer oder auch der selbstständige Vergleich mit Kontrollblättern vorgeschlagen, sofern dieser durch die offene Aufgabenstellung und durch mehrere denkbare (richtige) Ergebnisse überhaupt möglich ist.

Diese Kontrollblätter können vorab von der Lehrkraft oder auch durch einzelne Kinder erstellt werden, wobei dann eine „Endkontrolle“ durch die Lehrkraft erforderlich ist.

Der hier vorgeschlagene Umgang mit Sachaufgaben zielt in erster Linie auf den Weg, den Prozess und auf das Verständnis ab. Daher haben Beobachtungen bei einzelnen Kindern oder Gruppen während ihrer Arbeit auf jeden Fall Vorrang vor einer rein ergebnisorientierten Überprüfung oder Kontrolle. Es wird empfohlen, den Eltern diesen Ansatz auf jeden Fall bekannt und bewusst zu machen und dabei zu betonen, dass Fehler auch Durchgangsstationen im Lernprozess sind!

Laufzettel

Die empfohlene Bearbeitung von Teilinhalten (unter unterschiedlichen Gesichtspunkten) behindert die Vorgabe eines allgemein gültigen Laufzettels. Er sollte jeweils individuell von der Lehrkraft selbst erstellt werden. Wichtig ist lediglich, dass die Kinder über einen Laufzettel oder spätestens über ihre zusammengefassten Eintragungen und Beschreibungen ihre Arbeit dokumentieren und gleichzeitig eine Struktur erhalten (siehe hierzu auch die Ausführungen im Einführungsband „Lernen an Stationen in der Grundschule“).

Jutta Maurach *Roland Bauer*

Hinweise und Materialien zu den einzelnen Stationen

Seite

Beim Handeln lernen

Einkaufen und Verkaufen 8

Ein Verkaufsstand mit Leerpackungen sollte vorher möglichst gemeinsam mit den Kindern aufgebaut werden. Er ist während der Bearbeitungsdauer selbstverständlich erweiterbar. Preisauszeichnung erfolgt entsprechend dem jeweiligen Zahlenraum und der Möglichkeiten der Kinder (Kommaschreibweise usw.). Einkaufskorb und Spielgeld für den Einkäufer und die Kasse sowie Vorlagen für Kassenzettel bereitstellen.

Aus einem Katalog bestellen 9

Unterschiedliche Kataloge von Versandhäusern o. Ä. bereitlegen. Die vorhandenen Bestellzettel können von den Kindern (als Kopie) verwendet werden oder als Anregung dienen, einen eigenen zu erstellen, der wenigstens die nötigsten Angaben enthält.

Im Gasthaus bestellen und bezahlen 10

Die auf dem Arbeitsauftrag vorgegebenen Speisekarten durch entsprechenden Preiseintrag ergänzen. Eventuell durch zusätzliche Original- oder von den Kindern selbst erstellte Speise- und Getränkekarten ergänzen. Bestellblock und Spielgeld bereitlegen.

Fahrscheine lösen 11

Unterlagen von Bus- oder Bahnunternehmen der unmittelbaren Umgebung der Kinder bereitstellen. Gegebenenfalls auch (z. B. in Klasse 4) über den PC ein entsprechendes Programm der Bundesbahn, auf das die Kinder zugreifen können. Der Linienplan einer Buslinie aus dem Erfahrungsbereich der Kinder mit den entsprechenden Fahrpreisen sollte als einfachere Möglichkeit (Differenzierung) bereitgestellt werden. Spielgeld und evtl. „Fahrkartenvordrucke" zum Ausfüllen bereitstellen.

Fahrpläne lesen 12

Möglichst auch Fahrpläne aus dem direkten Erfahrungsraum der Kinder bereitlegen. Taschenfahrpläne aus einem nahe liegenden Verkehrsverbund ermöglichen auch die Planung komplizierter Fahrstrecken mit Umsteigen.

Eine Reise planen 13

Entsprechend den Möglichkeiten der Kinder sind sowohl die vorgegebenen Reiseangebote als auch Angebote aus einfachen Wurfsendungen und umfassenden Urlaubsprospekten bereitzulegen. Gegebenenfalls sind die Preise entsprechend abzuändern.

Seite

Dinge verteilen 14

In Kartons oder Säckchen werden unterschiedliche Dinge zur Verfügung gestellt (Steckwürfel, Steinchen, Murmeln, Legosteine, Rechenplättchen, Bonbons usw.) Die Kinder sollten die zu verteilende Anzahl möglichst selbst festlegen. Im Mittelpunkt stehen unterschiedliche Verteil- und Aufteilstrategien.

Geldbeträge aufteilen 15

Einen Behälter mit ausreichend Spielgeld bereitstellen.

Gewichte bestimmen und vergleichen 16

Verschiedene Gegenstände und eine Waage mit Gewichtsstücken bereitstellen. Eine Digitalwaage oder Zeigerwaage erleichtert das Überprüfen. Selbstverständlich können die Kinder auch selbst weitere Gegenstände einbringen.

Entfernungen messen und vergleichen 17

Lineal, Meterstab, verschiedene Maßbänder. Die Kontrolle ist durch die Doppelmessung bzw. den Rollentausch gegeben.

Zeitdauer messen und vergleichen 18

Unterschiedliche Uhren (Stoppuhr, Armbanduhr, Wecker usw.) zur Verfügung stellen oder mitbringen lassen. Plakat mit der Überschrift „So lange dauert ..." vorbereiten.

Mit Bildern umgehen

Im Schreibwarengeschäft einkaufen 19

Um ein Nachspielen zu ermöglichen sollten die Gegenstände zur Verfügung stehen oder von den Kindern aus ihren Unterlagen geholt werden können. Büroklammern und ggf. Prospekthülle zum Zusammenfassen der Kinderbeiträge bereitlegen. Das Lesen der anderen Beiträge ist durchaus erwünscht!

Überlegungen beim Schwimmbadbesuch finden 20

Die von den Kindern erstellten Aufschriebe können in Gesprächsrunden aufgegriffen werden. Das Nachspielen und gemeinsame Besprechen trägt zu vielseitigen Überlegungen und Erkenntnissen bei.

Einen Zirkus genau beobachten 21

Das Bild möglichst als Kopie jedem Kind zur Verfügung stellen, damit es die Kinder ihrem Bericht voranstellen können. Als Differenzierungsmöglichkeit bietet sich die Bereitstellung eines Lückentextes an.

Texte und Bilder auswerten

Mit Texten umgehen

Hinweise auf weitere Stationen und Materialien

Für die meisten Kinder sind Zahlen aus der Natur (z. B. über Pflanzen und Tiere) von großem Interesse. Aus solchem Zahlenmaterial können die Kinder selbst Sachaufgaben, also Textaufgaben oder Rechengeschichten, zusammenstellen. Eine herausragende Fundgrube für derartiges Zahlenmaterial ist die Datensammlung von Rainer Flindt: Biologie in Zahlen. Datensammlung in Tabellen. Gustav Fischer Verlag-Stuttgart 1986.
Hingewiesen sei hier auch auf die Fotosammlung im Abschnitt „Möglichkeiten für Hinführung und Gestaltung von Teileinheiten“.

Einkaufen und Verkaufen

- Suche dir ein anderes Kind, das mit dir Einkaufen oder Verkaufen spielt.
- Ein Kind ist der Verkäufer und ein Kind der Einkäufer.
- Mit dem vorhandenen Spielgeld sollen höchstens ..... Gegenstände eingekauft werden.
- Der Verkäufer schreibt einen Kassenzettel.
- Bitte an den Rollentausch denken!

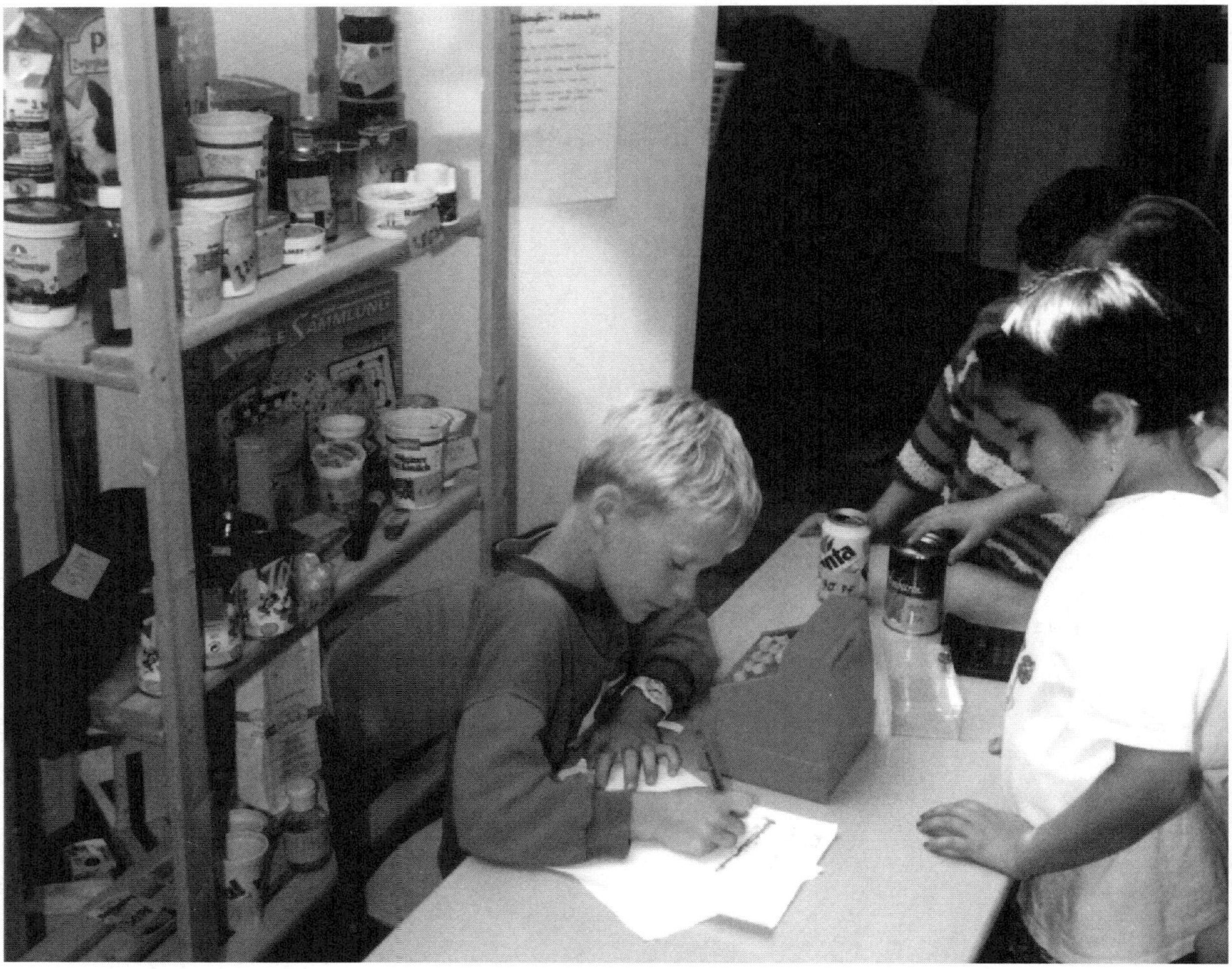

Aus einem Katalog bestellen

- Suche dir einen Katalog aus.
- Suche dir Dinge aus, die du gerne bestellen möchtest, und schreibe sie auf.
- Schreibe den jeweiligen Preis dazu und gestalte selbst einen Bestellzettel.
- Lass durch ein anderes Kind feststellen, ob das Versandhaus mit deinem Bestellzettel eine Lieferung zusammenstellen kann.

Im Gasthaus bestellen und bezahlen

- Suche dir mehrere Kinder, die mit dir gemeinsam Situationen in einem Restaurant spielen.
- Ein Kind ist die Bedienung/der Kellner, die anderen sind Gäste, die einzeln oder gemeinsam etwas bestellen und anschließend bezahlen.
- Aus den bereitliegenden Speise- und Getränkekarten könnt ihr auswählen, bestellen und die Preise entnehmen.
- Ihr könnt gerne auch selbst eine Speisekarte erstellen.

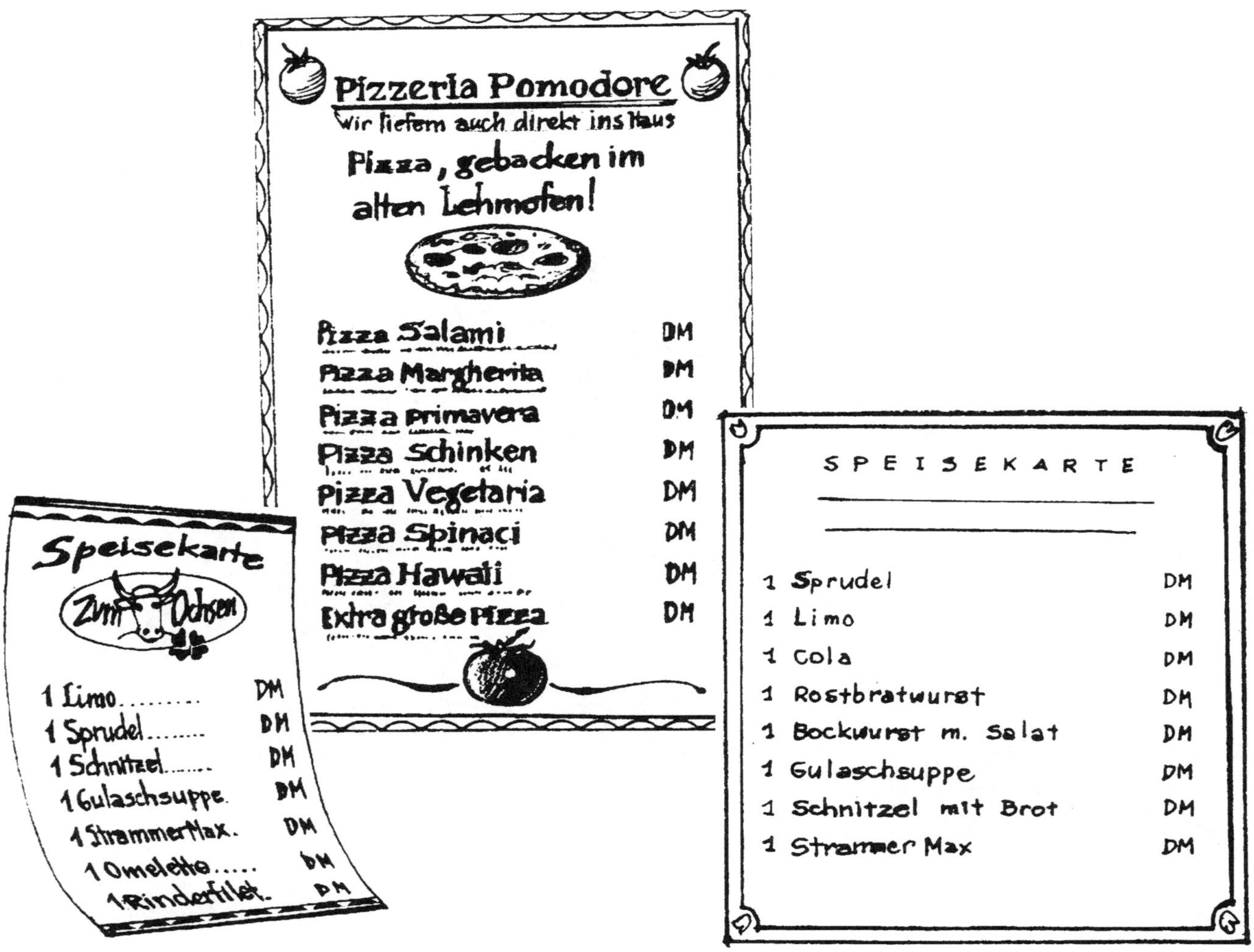

Fahrscheine lösen

- Suche dir ein anderes Kind.
- Einigt euch, wer Kunde ist und wer einen Fahrschein verkauft.
- Legt nach den bereitliegenden Unterlagen für eure Umgebung (Plan des Nahverkehrsverbundes und die Preisliste) die Einstiegs- und Ausstiegsstelle fest und bestimmt (gemeinsam) den Fahrpreis. Zum Beispiel: Ausschnitt aus dem Plan des Verkehrsverbundes Stuttgart
- Benutzt das bereitgestellte Spielgeld.

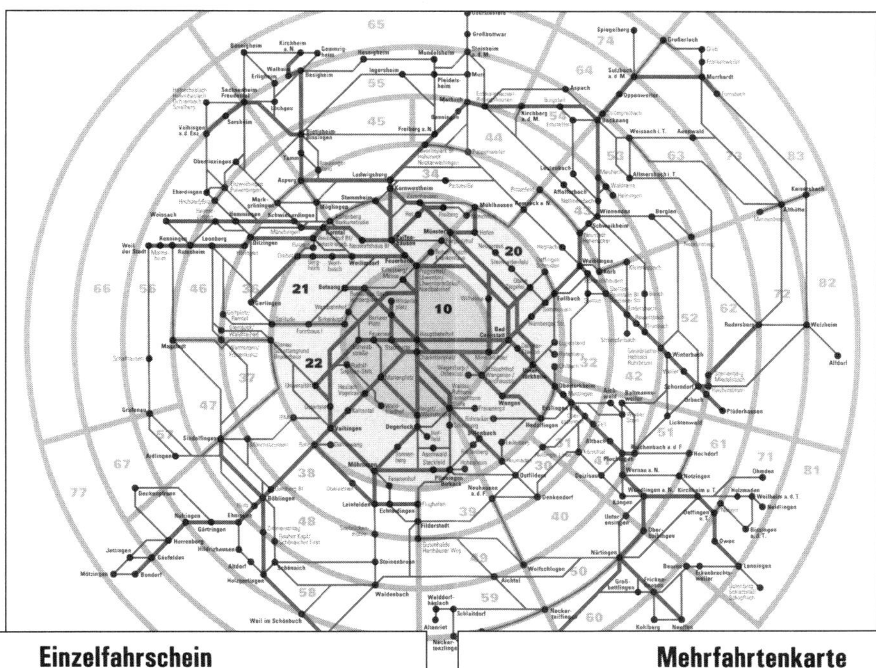

Einzelfahrschein

Zum sofortigen Fahrtantritt.
Umsteigen in Richtung Fahrziel erlaubt.
Keine Fahrtunterbrechung.

DM		DM (6–11)
2,80	1 Zone	1,60
3,40	2 Zonen	1,80
4,60	3 Zonen	2,30
6,20	4 Zonen	3,10

Mehrfahrtenkarte
(4 Fahrten)

Umsteigen in Richtung Fahrziel erlaubt.
Keine Fahrtunterbrechung.
Vor Fahrtantritt entwerten. Mehrere Personen entwerten je einen Abschnitt.

DM		DM (6–11)
10,40	1 Zone	6,–
12,80	2 Zonen	6,60
17,–	3 Zonen	8,40
22,80	4 Zonen	11,40

Fahrpläne lesen

- Bestimme Abfahrts- und Zielort und suche dir den passenden Fahrplan aus.
- Schreibe mehrere mögliche Abfahrts- und Ankunftszeiten auf.
- Kannst du auch ermitteln, wie lange deine Fahrt dauert? (Dazu sagt man Fahrtdauer.)
- Zeige deinen Aufschrieb zur Kontrolle einem anderen Kind oder deiner Lehrerin, deinem Lehrer.

777 Nagold - Mötzingen - Gäufelden - Tübingen

Verbundtarif nur zwischen Mötzingen und Tailfingen

→ **Montag - Freitag**

VERKEHRSHINWEIS			F	S	S		S				S	S
Nagold ZOB		06.08				06.40	07.23			08.35	10.32	
- Vogelsang		06.09				06.41	07.24			08.36	10.33	
- Waldlust		06.11				06.43	07.26			08.38	10.35	
- Mötzinger Str.		06.12				06.44	07.27			08.39	10.36	
Mötzingen Rathaus		06.15				06.47	07.31			08.42	10.39	
- Lindenhof		≀				06.48	≀			08.43	≀	
Unterjett. Mötzinger Str.		≀				06.51	≀			08.46	≀	
- Öschelbronner Str.		≀				06.52	≀			08.47	≀	
Öschelbronn Post		≀				06.55	≀			08.50	≀	
- Rathaus		06.20				06.56	07.35			08.51	10.44	
- Stuttgarter Straße		06.21				06.57	07.36			08.52	10.45	
Nebringen Grundschule		≀				≀	≀			≀	≀	12.00
- Hauptschule		≀				≀	07.39			≀	≀	12.05
- Bahnhofstraße Ⓡ		06.23				06.59				08.54	≀	≀
Tailfingen Rathaus	05.50	06.26	06.34	06.34		07.03				08.58	10.49	12.10
Altingen Bf	≀	≀	≀	06.40	06.56	≀				≀	≀	
- Kirche	05.53	06.31	06.44	06.44	07.01	07.06		07.45	08.09	09.01	10.52	
Reusten Rathaus	05.56	06.36	06.47	06.47	07.04	07.09		07.48	08.12	09.04	10.55	
- Wolfsberg	≀	≀	06.50	06.50	≀	≀		≀	08.15	≀	10.58	
Poltringen Rathaus	05.59	06.40	06.56	06.56	07.07	07.12		07.51	08.21	09.07	11.04	
- Schlößlesäcker	06.00	06.41	06.57	06.57	07.08	07.13		07.52	08.22	09.08	11.05	
Pfäffingen	◖06.01	06.43	06.58	06.58	≀	07.15		07.54	◖08.24	09.10	11.07	
Unterjesingen Brunnenhalde	◖06.02	06.45	06.59	06.59	≀	07.16		07.55	◖08.25	09.11	11.08	
- Kreissparkasse	◖06.03	06.46	07.00	07.00	≀	07.17		07.56	◖08.26	09.12	11.09	
- Süd	◖06.04	06.47	07.01	07.01	≀	07.18		07.57	◖08.27	09.13	11.10	
Tübingen Sindelf. Str.	06.07	06.49	07.04	07.04	07.16	07.21		08.00	08.30	09.16	11.13	
- Rheinlandstraße	06.08	06.50	07.06	07.06	07.18	07.23		08.02	08.32	09.18	11.15	
- Stadtgraben	06.09	06.51	07.07	07.07	07.19	07.24		08.03	08.33	09.19	11.16	
- Lustnauer Tor	06.10	06.53	07.08	07.08	07.20	07.25		08.04	08.34	09.20	11.17	
- ZOB/Europaplatz	06.12	06.58	07.15	07.15	07.25	07.30		08.10	08.40	09.25	11.20	

Eine Reise planen

- Suche dir aus den Abbildungen auf diesem Blatt oder aus Reiseprospekten eine Reise aus.
- Plane die Reise für deine Familie und bestimme den Preis.
- Schreibe deine Planung und deinen ermittelten Preis so auf, dass andere Kinder alles nachvollziehen können.
- Hefte deinen Aufschrieb an das vorbereitete Plakat.
- Suche das Reiseziel auch auf der Karte oder im Atlas.
- Du könntest dich für eine ganz preiswerte Reise oder auch für eine Traumreise entscheiden.

Beim Handeln lernen

Dinge verteilen

- Suche dir drei bis vier andere Kinder.
- Nehmt euch aus den bereitgestellten Materialien eine beliebige Anzahl von Gegenständen und verteilt diese gleichmäßig unter euch.
- Sucht unterschiedliche Möglichkeiten.
- Ihr könnt die Anzahl auch vorher bestimmen, damit anschließend nichts übrig bleibt.
- Könnt ihr euer Vorgehen mit einer Rechenaufgabe beschreiben?

Geldbeträge aufteilen

Diese Station kannst du alleine oder gemeinsam mit anderen Kindern bearbeiten.

- Nimm aus der Kasse mit Spielgeld einen beliebigen Betrag und lege fest, unter wie vielen Personen dieser Betrag aufgeteilt werden soll.
- Lege für jede Person den entsprechenden Anteil auf den Tisch.

Hinweis: Wahrscheinlich musst du manche Münzen oder Scheine an der Kasse in kleinere umtauschen (wechseln).

- Gibt es verschiedene Möglichkeiten?

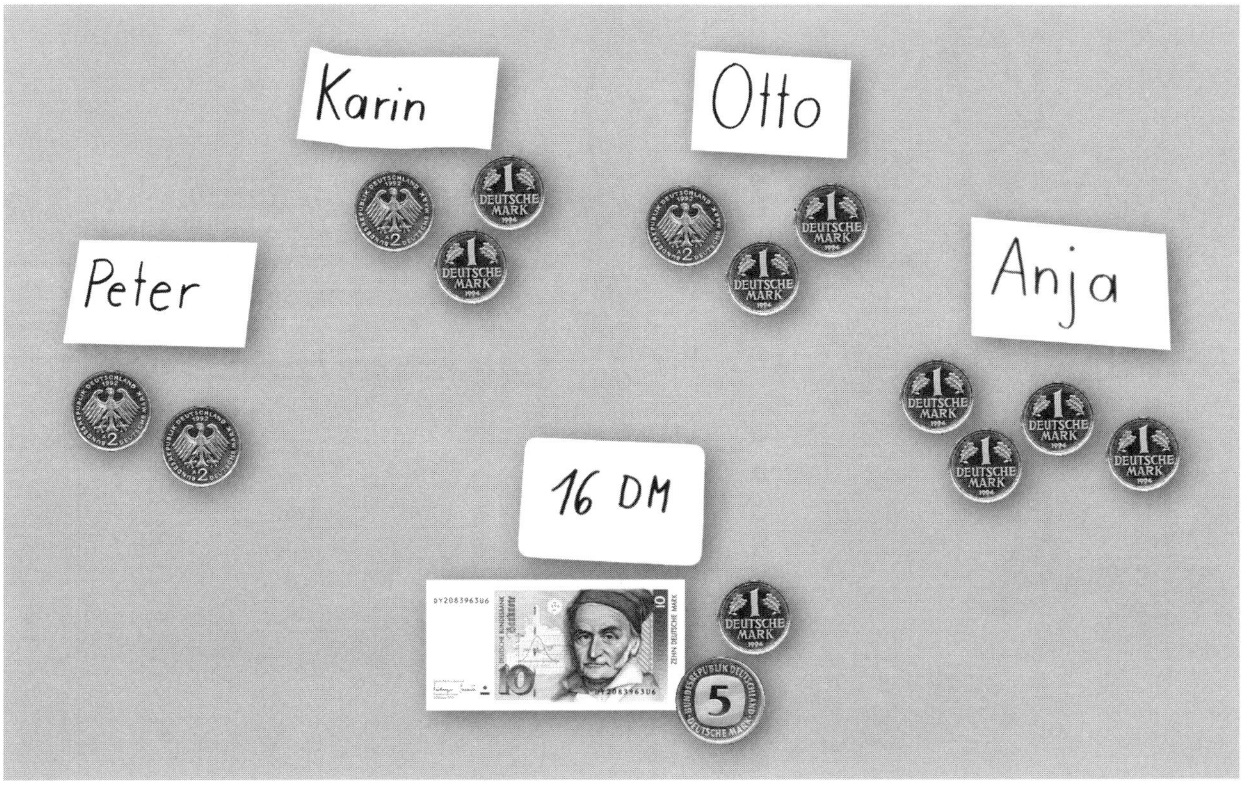

Gewichte bestimmen und vergleichen

- Wähle mindestens drei Gegenstände aus.
- Ordne die Dinge nach der Größe des Gewichts durch abwiegen mit der Hand.
- Überprüfe dein Ergebnis mit Hilfe der Waage.
- Ordne die Gegenstände endgültig nach dem Gewicht und schreibe die Ergebnisse dazu.
- Bitte ein anderes Kind, deine Ergebnisse zu überprüfen.
- Kannst du auch Unterschiede bestimmen?

Entfernungen messen und vergleichen

- Suche dir mindestens ein anderes Kind.
- Wählt im Klassenzimmer, im Schulhaus oder auf dem Gang Dinge aus, deren Länge, Breite oder Abstand ihr mit Messen bestimmen wollt.
- Wählt ein geeignetes Messinstrument.
- Wechselt euch beim Messen und Ablesen ab.
- Schreibt beide eure Ergebnisse auf und vergleicht.

Zeitdauer messen und vergleichen

■ Suche dir ein anderes Kind.

■ Sucht Tätigkeiten aus, die ihr in der Schule macht, und bestimmt deren Dauer mit Hilfe einer Uhr.

■ Schreibt die Tätigkeit und die benötigte Zeit auf einen Zettel und heftet ihn an das Plakat.

Im Schreibwarengeschäft einkaufen

- Du kannst die Situation mit einem anderen Kind spielen.
- Schreibe auf einen Zettel, was du auf dem Bild alles beobachten kannst.
- Du kannst zu dem Bild auch eine Geschichte schreiben.
- Du kannst auch Rechenaufgaben aufschreiben und dazuschreiben, was du gerade berechnest.
- Lege die Zettel mit deinen Aufschrieben zu der Station. Falls du von anderen Kindern gleiche oder ähnliche Aufschriebe findest, hefte sie mit einer Büroklammer zusammen.

Überlegungen beim Schwimmbadbesuch finden

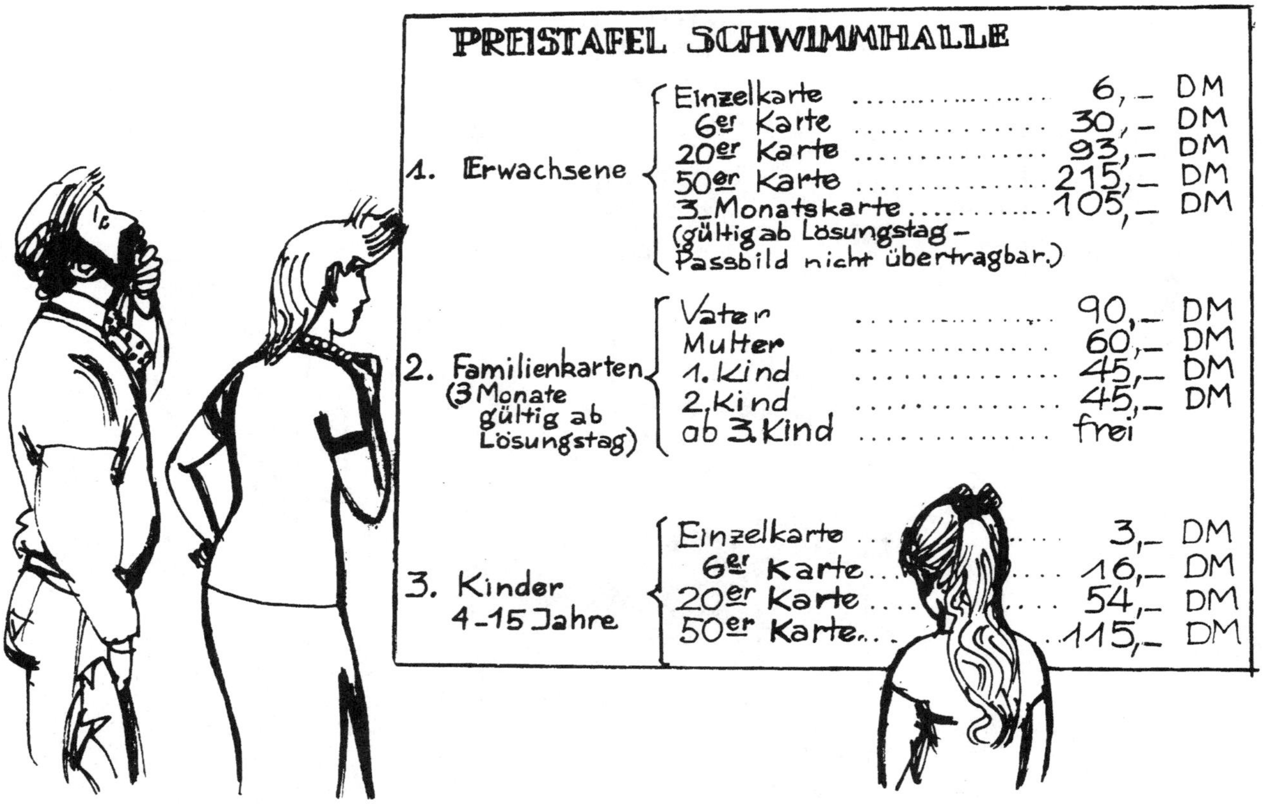

- Schreibe mögliche Überlegungen der abgebildeten Personen auf.
- Finde möglichst viele Fragen, die an der Kasse gestellt werden können.
- Du kannst die Situation auch mit anderen Kindern besprechen oder spielen und zu den Fragen möglichst viele unterschiedliche Antworten finden.

Z Ihr könnt die Fragen auch aufschreiben, euch gegenseitig vorlesen und versuchen herauszufinden, von wem sie gestellt wurden.

Einen Zirkus genau beobachten

- Versuche, über den Zirkus möglichst viele Aussagen zu machen. Zum Beispiel: Anzahl der Tiere, Anzahl der Clowns, Anzahl der Eintrittspreise usw.
- Schreibe die Aussagen als einen Bericht über den Zirkus auf.
- Schreibe auf je einem Zettel Fragen auf, die andere Kinder mit Hilfe einer Rechnung beantworten können. Lege diesen Zettel zur Station.
- Suche aus den Fragen anderer Kinder eine aus. Klebe diesen Zettel zu deinem Bericht und schreibe Rechnung und Antwort dazu.

Situationen zu Mohrenköpfen in Bildern und Rechnungen darstellen

- Erfinde zu der Packung Mohrenköpfe selbst mögliche Situationen.
- Gestalte dazu selbst ein oder mehrere Bilder.
- Schreibe Frage, Rechnung und Antwort dazu.

Eine Situation beim Getränkehändler gestalten

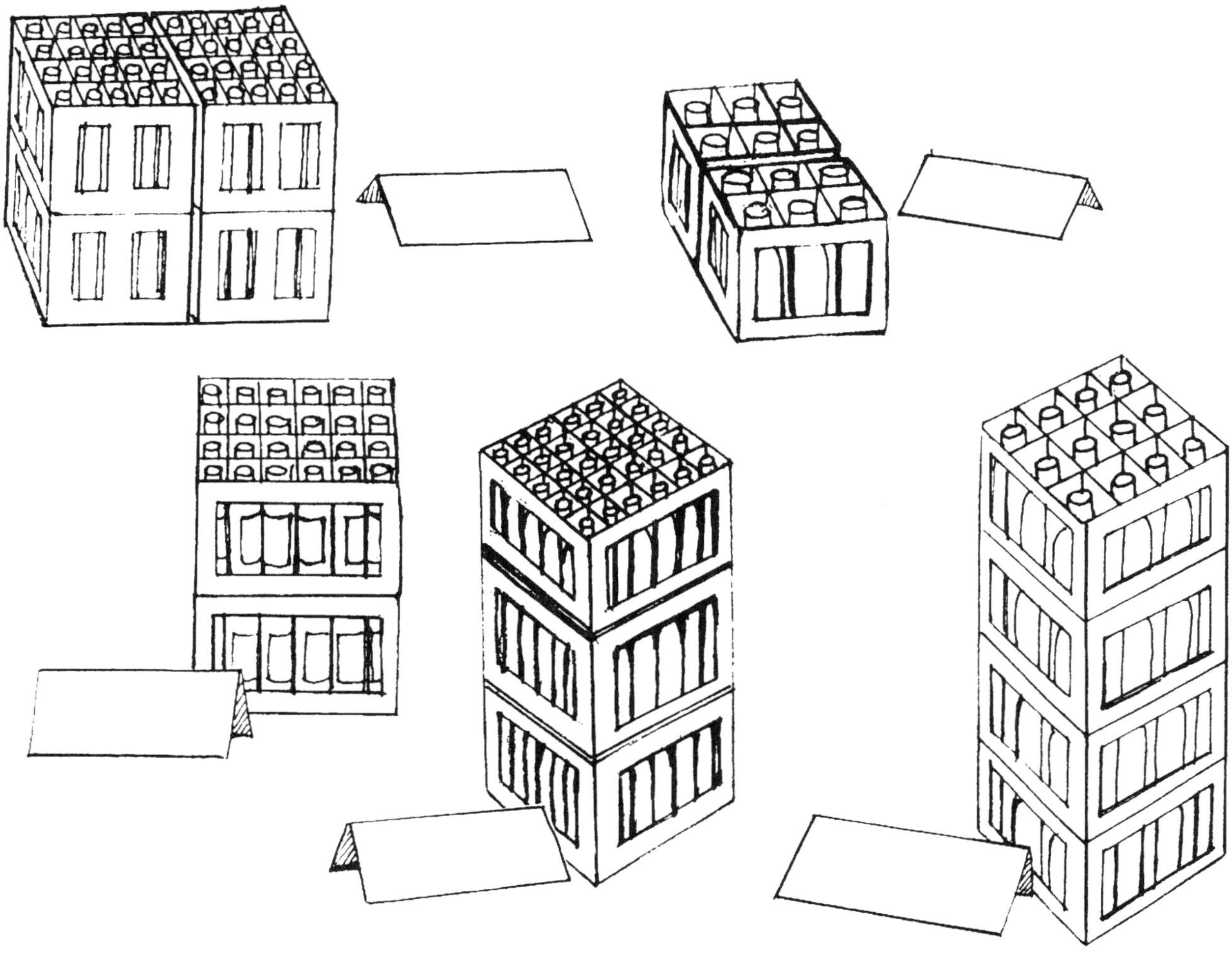

- Schneide Getränkekisten aus der Kopie aus und stelle dir ein eigenes Getränkelager oder einen möglichen Großeinkauf zusammen.
- Schreibe Aussagen zu deinem Bild auf und belege sie durch Berechnungen.
  Beispiele: In meinem Getränkelager gibt es insgesamt 13 Kisten (im Wert von . . . .).
  Ich habe in einem Stapel insgesamt . . . . Flaschen.
  usw.

Beschreibungen zu einem Fahrplan ergänzen

Der Ausschnitt vom Abfahrtsplan des Stuttgarter Bahnhofs enthält viele Informationen.

■ Ergänze die Aussagen.

1. Um .... Uhr fährt ein Zug nach Zürich ab.
2. Der Zug ist um .... Uhr in Singen.
3. In den Zügen mit den Nummern ...., ..., ... kann ich im Bord Restaurant essen.
4. Die Fahrt von Stuttgart nach München dauert ....
5. Zwischen 13.00 Uhr und 13.45 Uhr fahren ..... Züge auf Gleis 15 ab.
6. Es fahren insgesamt .... Züge, bei denen ich einen Zuschlag bezahlen muss.
7. Nach München kann ich mit dem Zug Nr. .... und mit dem Zug Nr. .... fahren.
8. Nach Mailand fährt in Stuttgart der Zug Nr. .... um .... Uhr auf Gleis ..... ab.
9. Wenn ich nach Salzburg möchte kann ich um 13.12 Uhr abfahren. In München muss ich in den Zug Nr. .... umsteigen.

■ Vergleiche mit dem Lösungsblatt.

13.00			
13.00	*IR* 2196 ⑪ 🚲 ②	Vaihingen/Enz 13.15 – Mühlacker 13.21 – Pforzheim 13.30 – **Karlsruhe 13.51** ⊙	**8**
13.01	*IR* 2197 ⑪ 🚲 ①	Plochingen 13.14 – Göppingen 13.25 – Geislingen 13.37 – Ulm 14.01 ⊙ Augsburg 14.55 – Mü-Pasing 15.19 – München Hbf 15.29 – Rosenheim 16.15 – Freilassing 17.15 – **Salzburg 17.23**	**15**
13.01 ⑤ auch 10.Jun, 23.Dez, 30.Dez, 1.Apr, 12.Mai nicht 12.Jun, 25.Dez, 1.Jan., 2.Apr, 14.Mai	*D* 1610 ①	Bad Cannstatt 13.05 – Backnang 13.27 – Schwäbisch Hall-Hessental 13.56 – Crailsheim 14.13 – Ansbach 14.43 – Nürnberg 15.15 ⊙ Bamberg 16.13 – Lichtenfels 16.33 – Saalfeld 17.35 – Jena 18.13 – Naumburg (Saale) 18.52 – **Leipzig 19.32**	**6**
13.04 Ⓐ	*SE* 17149 🚲	Plochingen 13.25 – Göppingen 13.44 – Geislingen 14.06 – **Ulm 14.37**	**12**
13.05	*RE* 6614 🚲	Ludwigsburg 13.16 – Bietigheim 13.23 – Heilbronn 13.48 – Lauda 14.49 – **Würzburg 15.20**	**7**
13.11	*EC* 18 ✕	*Andreas Hofer* Heidelberg 13.51 – Mannheim 14.04 – Mainz 14.45 – Koblenz 15.35 – Bonn 16.08 – Köln 16.30 – Düsseldorf 16.56 – Duisburg 17.10 – Essen 17.23 ⊙ Gelsenkirchen 17.36 – **Münster 18.22**	**10**
13.12	*ICE* 793 ✕	*Nymphenburg* Ulm 14.06 – Augsburg 14.47 – **München 15.19** ⊙	**16**
13.22	*RE* 8217 🚲	Plochingen 13.43 – Wendlingen 13.49 – Reutlingen 14.12 – **Tübingen 14.23**	**3**
13.22	*SE* 8819 🚲	Schorndorf 13.44 – Schwäbisch Gmünd 14.03 – **Aalen 14.25**	**15**
13.26	*ICE* 576 ✕	*Roswitha von Gandersheim* Heidelberg 14.04 – Darmstadt 14.36 – Frankfurt 14.53 Kassel-Wilhelmshöhe 16.20 – Göttingen 16.39 – Hannover 17.13 ⊙ **Hamburg Hbf 18.32/Altona 18.52**	**9**
13.32	*RE* 6915 🚲	Plochingen 13.50 – Göppingen 14.04 – Geislingen 14.22 – Ulm 14.47 – **Neu-Ulm 14.51**	**13**
13.38	*RE* 3006 © = 🚲	Ludwigsburg 13.48 – Bietigheim 13.56 – Mühlacker 14.18 – Pforzheim 14.27 – **Karlsruhe-Durlach 14.46/Hbf 14.52**	**10**
13.45	*D* 381 ① 🍸 2)	Böblingen 14.06 – Horb 14.31 – Rottweil 14.59 – Tuttlingen 15.17 – Singen 15.42 – Schaffhausen 16.06 ⊙ Zürich 16.47 – Chiasso 20.30 – **Mailand C 21.35** in Singen Anschluß nach Konstanz 16.13	**5**
13.45	*SE* 3766	Ludwigsburg 13.56 – Bietigheim 14.04 – Heilbronn 14.33 – **Osterburken 15.36** Heilbronn-Osterburken nicht 25.Dez,1.Jan	**8**

Zeichenerklärung

ICE ***InterCityExpress*** Besonderer Fahrpreis. Für Reisegruppen Platzreservierung erforderlich.
EC ***EuroCity***
IC ***InterCity*** ***EC/IC***-Zuschlag grundsätzlich erforderlich. Für Reisegruppen Platzreservierung erforderlich.
CIS **Cisalpino** im internationalen Verkehr mit CIS-Zuschlag, der die Platzreservierung einschließt im Binnenverkehr Zuschlag wie bei ***IR*** und ***D***
IR ***InterRegio***
D ***Schnellzug*** ***IR***-/***D***-Zugzuschlag erforderlich
– für Inhaber von Streckenzeitkarten
– bei Fahrten mit Einzelfahrscheinen bis 50 km innerhalb von Verkehrsverbünden,
wenn der Zug als zuschlagpflichtig gekennzeichnet ist.
RE ***RegionalExpress***
RB ***RegionalBahn***
SE ***StadtExpress***
Nei-Tech **Dieseltriebwagen mit Neigetechnik**
Ⓢ ***S-Bahn***
Züge und Kurswagen ohne Angabe der Wagenklasse führen 1. und 2. Klasse.
🚃 Zug führt durchlaufende Wagen (Kurswagen)
🛏 Schlafwagen
🛏 Liegewagen 2. Klasse
✕ ***Bord Restaurant***
⑪ ***Bistro*** Café
🍸 Imbiß und Getränke

Darstellungen zum Tagesablauf auswerten

- Schneide die Bilder aus und klebe sie in der richtigen Reihenfolge untereinander.
- Beschreibe die Tätigkeit möglichst kurz.
- Schreibe passende Uhrzeiten dazu.
- Du kannst gerne auch die Dauer der Tätigkeiten bestimmen und als Aussagen dazuschreiben.
  Zum Beispiel:
  Ich benötige vom Aufstehen bis zum in die Schule gehen
  . . . . Minuten.

Falls du selbst einen für dich passenden Tagesplan erstellen willst, hole dir eine neue Kopie ab und trage die Zeigerstellungen und Uhrzeiten selbst ein.

Mit Bildern umgehen

STATION

Situationen mit Spielzeugautos nachstellen und auswerten

- Führe alleine oder mit anderen Kindern solche Rollversuche durch.
- Zeichne dein Ergebnis auf.
- Beschreibe die Ergebnisse genau.
  Zum Beispiel: Der VW fuhr insgesamt 90 cm weit.
- Bilde aus den Ergebnissen möglichst viele Aufgaben.
  Zum Beispiel: Der VW fuhr 15 cm weiter als der Porsche.
- Bitte ein anderes Kind, deine Ergebnisse zu überprüfen.

Hinweisschildern auf die Spur kommen

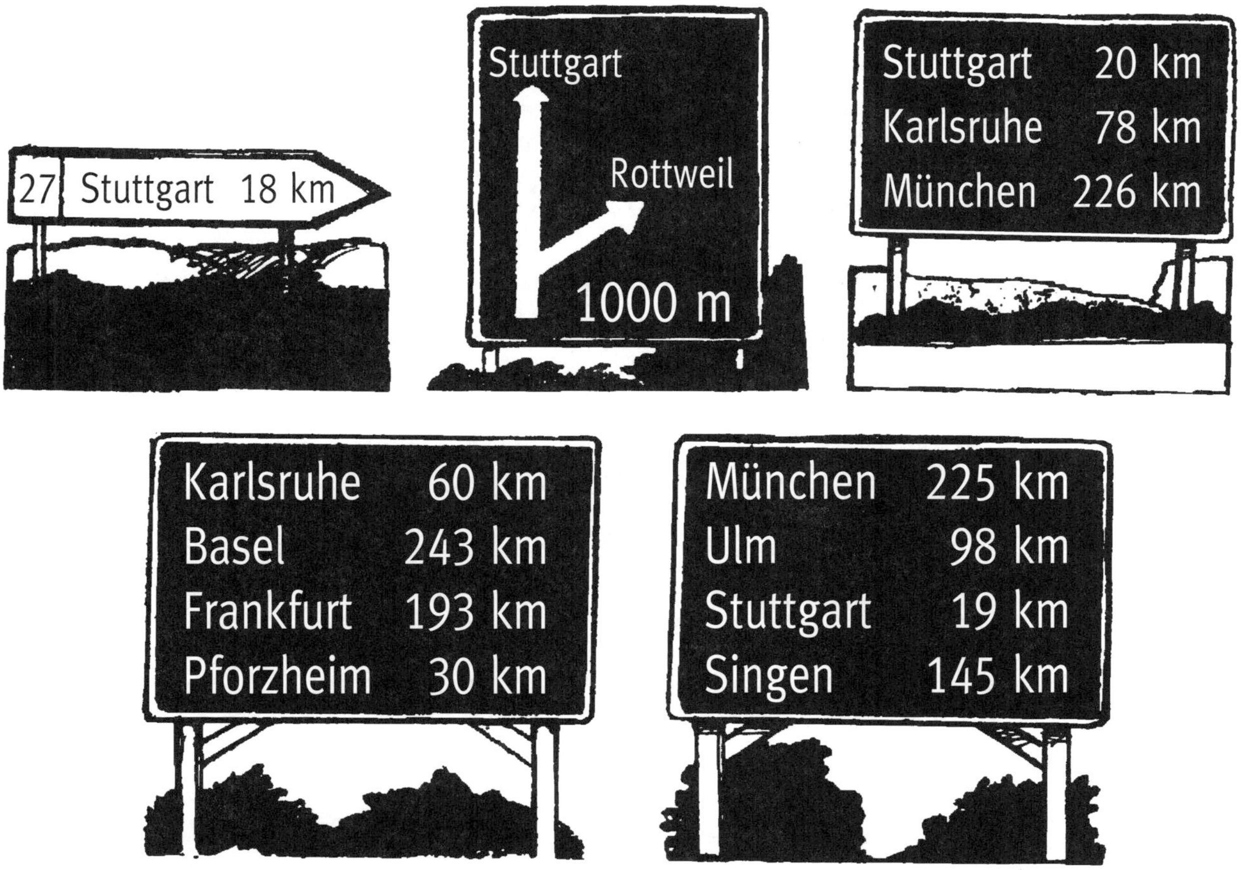

- Überlege dir zusammen mit anderen Kindern, welche Informationen ihr diesen Schildern entnehmen könnt.
- Überprüft die unterschiedlichen Aussagen.
- Sucht auf der Karte, wo die Autobahnschilder stehen könnten.
- Sucht in der Umgebung eures Wohnortes selbst solche Schilder und malt sie.
  Ihr könnt mit Hilfe der Karte auch selbst welche festlegen.

Aus einer Tabelle Entfernungen ablesen

- Suche dir ein anderes Kind.
- Nenne Aussagen zu Entfernungen oder stelle Fragen dazu.
- Der Partner überprüft oder antwortet mit Hilfe der Tabelle.
- Bitte an den Rollentausch denken!

Beispiele: Von Stuttgart nach Berlin sind es . . . . . . km.
Von Hamburg nach München über Stuttgart sind es . . . . . . km.
Ihr könnt gerne weitere Zick-Zack-Fahrten selbst festlegen und die Entfernungen bestimmen.

	Berlin	Bremen	Essen	Frankfurt/M.	Hamburg	Hannover	Kassel	Kiel	Köln	Leipzig	München	Nürnberg	Rostock	Saarbrücken
Berlin km														
Bremen km	375													
Essen km	480	249												
Frankfurt/M. km	564	450	256											
Hamburg km	279	110	350	509										
Hannover km	258	118	258	362	154									
Kassel km	367	288	188	190	312	164								
Kiel km	343	205	454	599	85	238	405							
Köln km	553	315	75	185	381	295	243	493						
Leipzig km	184	367	475	407	387	252	278	485	488					
München km	596	766	646	412	772	647	482	882	578	436				
Nürnberg km	426	590	465	235	616	476	309	702	415	266	162			
Rostock km	237	277	525	686	140	327	477	194	562	375	771	615		
Saarbrücken km	745	590	359	188	690	553	383	778	283	585	413	356	848	
Stuttgart km	631	645	472	200	668	526	360	762	367	471	210	213	809	210

Eine Schaufenstersituation bearbeiten

- Ein Kind hat 50,– DM zur Verfügung. Was kann es sich dafür kaufen?
- Stelle unterschiedliche Möglichkeiten zusammen und berechne, wie viel Geld es jeweils übrig hat.
- Ein anderes Kind möchte sich . . . . . . kaufen. Wie viel muss es noch sparen? Schreibe Rechnung und Antwort auf.
- Suche selbst weitere Fragestellungen. Schreibe sie auf einen Zettel. Auf die Rückseite schreibst du Rechnung und Antwort.
- Lege deine selbst gefundenen Aufgaben zu der Station.

Selbstverständlich kannst du auch die Aufgaben von anderen Kindern berechnen und die Lösungen überprüfen.

Sich an einer Rodelbahn entscheiden

An der Rodelbahnkasse können unterschiedliche Situationen und Gespräche wahrgenommen werden.

- □ Eine Familie mit zwei Kindern möchte insgesamt mindestens 2-mal fahren.
- □ Ein Junge hat 40,– DM Taschengeld zur Verfügung.
- □ Drei Geschwister kaufen zusammen eine Fünfzehnerkarte.
- □ „Ich möchte aber auf jeden Fall 4-mal fahren!"

■ Suche zu den Situationen selbst mögliche Fragen und entsprechende Lösungen.

■ Schreibe Fragen, Berechnungen und Antworten auf.

Du kannst gerne noch weitere Situationen erfinden und Lösungsmöglichkeiten suchen.

■ Vergleiche deine Lösungen mit denen anderer Kinder.

Die größte und interessanteste riesen rutschbahn im Schwarzwald

Preisliste
Stand 1. April 1996

1	Fahrt Erwachsene	5,00 DM
6	Fahrten Erwachsene	25,00 DM
15	Fahrten Erwachsene	55,00 DM
1	Fahrt Erwachsene mit Kind unter 8 Jahren	6,50 DM
6	Fahrten Erwachsene mit Kind unter 8 Jahren	35,00 DM
15	Fahrten Erwachsene mit Kind unter 8 Jahren	65,00 DM
1	Fahrt Kind ab 8 Jahren	4,00 DM
6	Fahrten Kind ab 8 Jahren	20,00 DM
15	Fahrten Kind ab 8 Jahren	45,00 DM
Ab 20 Personen (Gruppe)		
30	Fahrten Kinder ab 8 Jahren	75,00 DM
30	Fahrten Erwachsene ab 14 Jahren	93,00 DM

Bei Regen und Nässe wird die Bahn gesperrt. Bereits gelöste Karten verfallen nicht und werden auch nicht zurückgenommen.
Kinder unter 8 Jahren dürfen nur in Begleitung Erwachsener fahren.

Riesenrutschbahn
Tel. 07085 - 7812
Privat 09851 - 7831

seewald freizeitpark enzklösterle

Einen Zaun planen

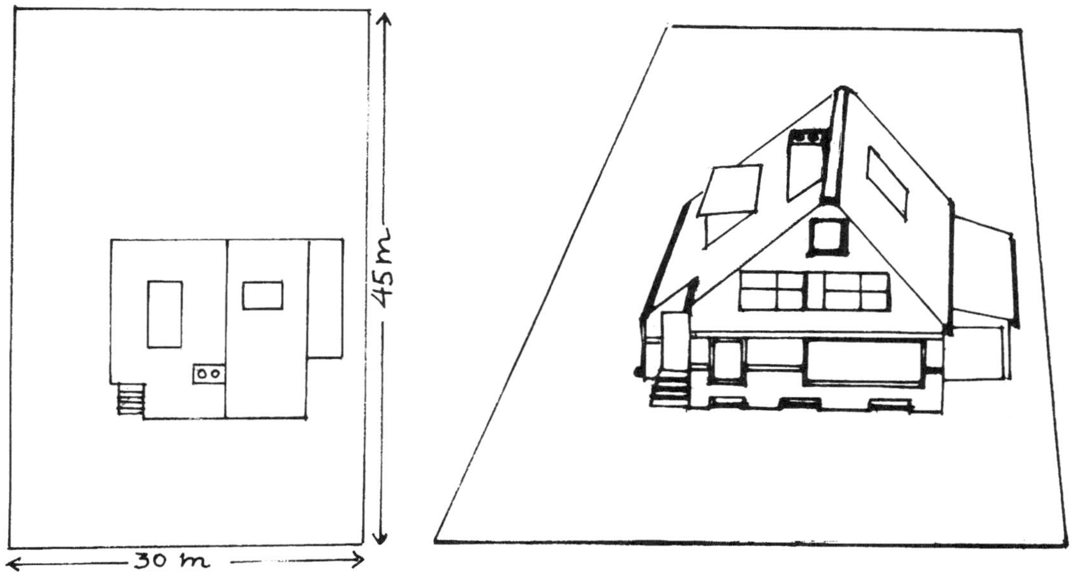

Das Grundstück soll eingezäunt werden.
Die Pfosten sind im Abstand von 3 Metern geplant.
Zwischen den Pfosten werden zwei Drähte gespannt.

- Wie viele Pfosten sind auf jeder Seite notwendig?
- Wie viele Pfosten werden insgesamt benötigt?
  Denke bitte an die Eckpfosten!
- Wie viel Meter Draht werden insgesamt benötigt?

Anregung: Du kannst die Pfosten gerne einzeichnen. Zeichne auch beide Drähte ein und überprüfe deine Überlegungen.

- Versuche, die Aufgabe durch weitere Angaben zu verändern:
  Zum Beispiel: Auf der Vorderseite wird ein fertiges Gartentor mit 3 Meter Breite eingebaut.

Eine Umfrage erstellen und auswerten

Alter:

	Jungen	Mädchen
8 Jahre	☐	☐
9 Jahre	☐	☐
10 Jahre	☐	☐
11 Jahre	☐	☐
12 Jahre	☐	☐

Anzahl der Geschwister:

☐ 0
☐ 1
☐ 2
☐ 3
☐ 4 und mehr

Schwimmer:

☐ ja ☐ nein

Spiele ein Musikinstrument:

☐ ja ☐ nein

Trinke zum Frühstück:

☐ gar nichts ______________________
☐ Kakao ______________________
☐ Tee ______________________
☐ Milch ______________________
☐ Saft ______________________
☐ Sonstiges ______________________

- Kennzeichne in dem bereitliegenden Fragebogen für dich zutreffende Aussagen durch ein Kreuz.
- Schreibe je eine Frage und die entsprechende Antwort auf einen Zettel und klebe ihn auf das vorbereitete Plakat.

Aus einem Schaubild Informationen entnehmen

Julian hat ein Meerschweinchen. Es heißt Wuschel und ist nun 12 Monate alt. Er hat es jeden Monat gewogen und die Ergebnisse in ein Schaubild eingetragen.

1 cm Streifenhöhe entspricht 100 g.

1 mm Streifenhöhe entspricht 10 g.

- Lies das Gewicht von Wuschel aus dem Schaubild ab! (messen)

  nach 3 Monaten: ....

  nach 5 Monaten: ....

  nach 7 Monaten: ....

  nach 9 Monaten: ....

  nach .... : ....

- Vergleiche mit dem Lösungsblatt.

- Berechne selbst einige Gewichtszunahmen und schreibe auf. Zum Beispiel: Vom dritten bis zum fünften Monat wurde Wuschel .... g schwerer.

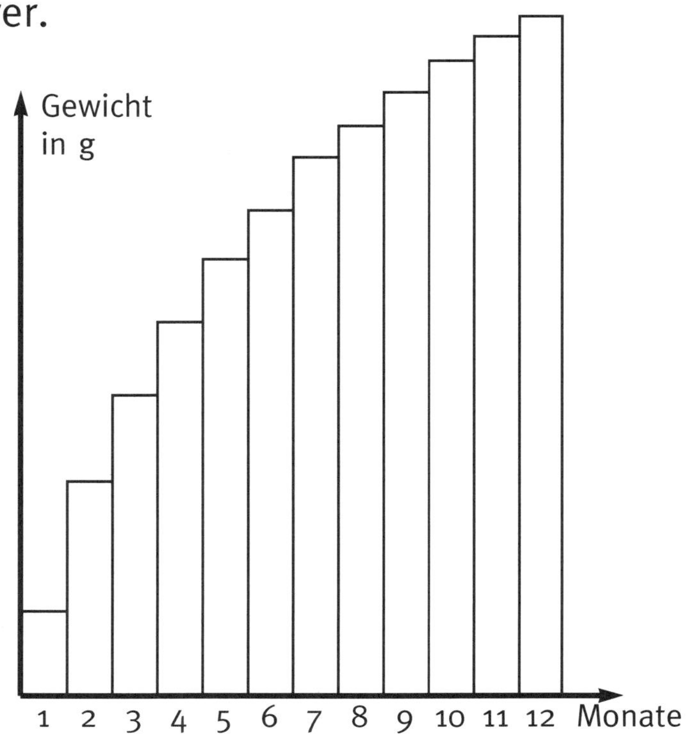

Aus Einzelteilen ein Fahrrad zusammenstellen

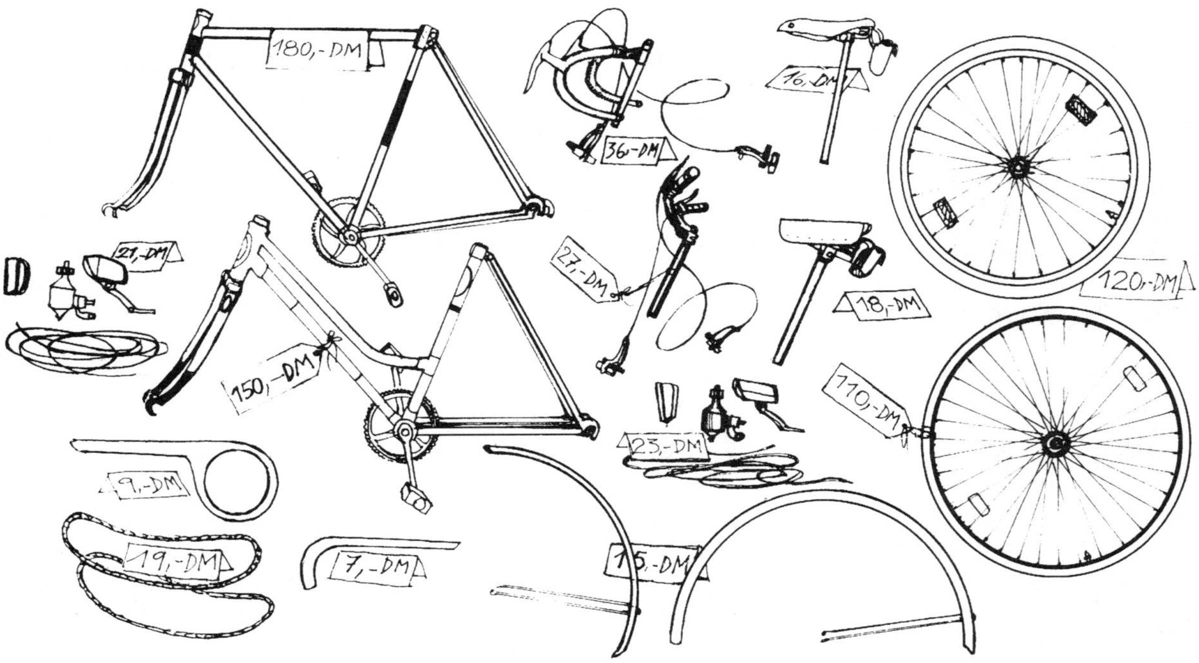

Ein verkehrssicheres Fahrrad benötigt folgende Teile: Vorderradbremse, Hinterradbremse, Schutzbleche, Kettenschutz, Scheinwerfer und Rücklicht, Radreflektoren, Rahmen, Räder. Aus den Abbildungen von Fahrradteilen lassen sich unterschiedliche Fahrräder zusammenbauen.

- Wähle Teile aus und stelle sie zu einem verkehrssicheren Fahrrad zusammen.
- Berechne den Preis. Schreibe dazu die Einzelpreise als Rechnung auf.
- Bestimme den Preis für das billigste und teuerste Fahrrad.
- Z Schneide die Teile für dein geplantes Fahrrad aus und klebe sie zu einem Fahrrad zusammen. Falls du weitere Teile benötigst, musst du sie selbst dazumalen.

Einen Einkaufskorb füllen

Wenn jemand nach Sonderangeboten einen Einkauf plant, stellt er genauere Überlegungen an.

Zum Beispiel: Ich möchte höchstens DM 50 ausgeben.
Mein Korb soll höchstens 7 Gegenstände beinhalten.

- Schreibe selbst solche Vorgaben auf.
- Stelle zu jeder Vorgabe Inhalte eines Einkaufskorbes zusammen und schreibe sie auf.
- Bestimme den Preis und eventuell auch wie schwer der Einkaufskorb dann ist.
- Z Schneide zu einem Beispiel die Gegenstände aus, schreibe den Preis (und eventuell das Gewicht dazu) auf. Erstelle einen Kassenzettel.

Zu Bildern Zusatzinformationen erfinden

Du siehst hier unterschiedliche Bilder aus Prospekten.

- Wähle mindestens ein Bild aus und erfinde eine oder mehrere zusätzliche Informationen, die für die Erstellung einer Rechenaufgabe notwendig wären.
  Zum Beispiel zum Bild vom Urlaub in Mallorca:
  Die Eltern wollen für Opa und Oma einen gemeinsamen Urlaub in Mallorca buchen und bezahlen.
- Schreibe deine Aussage zu dem Blatt mit der entsprechenden Abbildung.

Zum Verstehen eine Zeichnung anfertigen

Ein Gärtner züchtet Tulpenzwiebeln.

Auf einem Feld hat er .... Reihen mit je .... Zwiebeln. Die ausgewachsenen Zwiebeln werden zum Verkauf in .... Tüten verpackt.

Frage: Wie viele Tüten kann der Gärtner verkaufen?

- Zeichne zur Aufgabe ein Bild, so dass möglichst alle Reihen erkennbar sind. Schreibe die Anzahl der Reihen und die Anzahl der Zwiebeln in jeder Reihe dazu.
  Zum Beispiel:

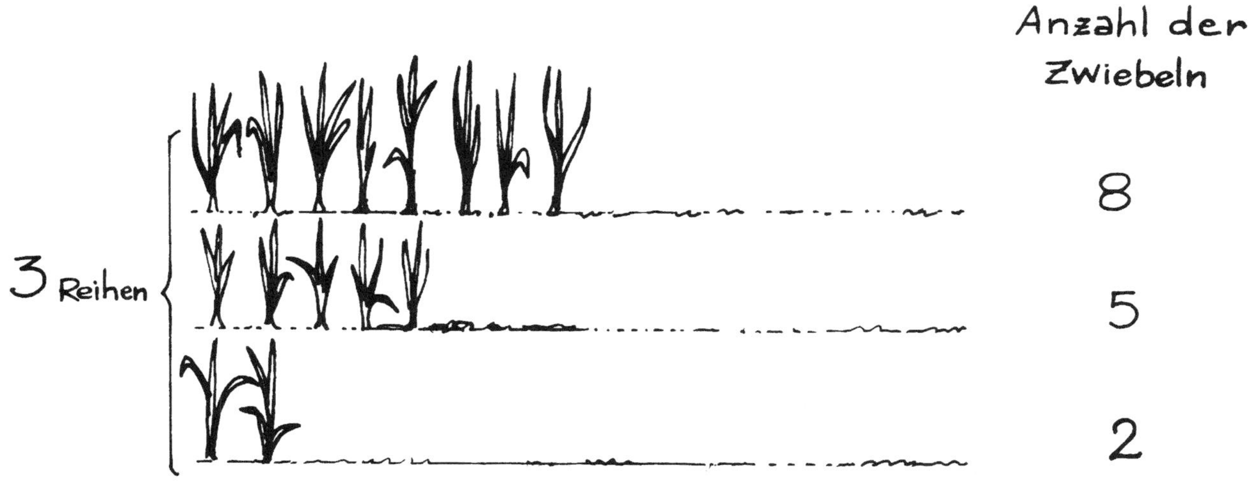

- Bestimme nun, wie viele Tulpenzwiebeln es insgesamt sind. Schreibe dazu eine Rechnung auf!
- Kannst du ein neues Bild für das Verpacken in Tüten malen? Es ist auch möglich, in der Zeichnung oben immer so viele Zwiebeln einzukreisen, wie jeweils in eine Tüte kommen.
- Schreibe zu deiner Zeichnung eine passende Rechenaufgabe!
- Vergleiche mit dem Lösungsblatt!

Zum Verstehen Handlung ausführen und Zeichnung anfertigen

Beim Konditor werden Pralinen verpackt.
In die kleine Packung kommen insgesamt 8 Pralinen.
Zum Verschicken kommen immer 6 Packungen in ein Päckchen.

- Wie viele Pralinen werden für die 6 Packungen benötigt?

Stell dir vor, ein Rechenplättchen ist eine Praline.

- Nimm Rechenplättchen und lege sie so auf den Tisch, wie sie verpackt und später verschickt werden.
- Zeichne dein Ergebnis auf und schreibe dazu, wie du rechnest.

Z Suche die Lösungen auch für Packungen mit 12 oder 15 oder 20 Pralinen. Bestimme, wie viele Pakete für den Versand benötigt werden, wenn die Pakete nicht schwerer als bei der ersten Aufgabe sein sollen. Ein Zeichnung hilft dir sicher!

Wichtige Informationen in einem Text erkennen

Familie Müller geht zum Abschluss eines schönen Ausflugs noch in das Gasthaus Krone. Herr Müller findet neben den 8 Autos einen freien Parkplatz. Karin, 10 Jahre alt, wählt den freien Tisch in der Mitte aus. Fritz, der achtjährige Sohn, zählt zuerst alle Gäste, es sind 23. Aus der Speisekarte wählen sie 4 Speisen und jeweils ein Getränk für jeden aus. Fritz wählt sein Lieblingsessen, Schnitzel mit Pommes zum Preis von DM 14,–. Vater und Mutter essen beide dasselbe, es kostet jeweils DM 18,–. Karins Essen und alle Getränke kosten zusammen DM 31,–. Bis alle ihr Essen bekommen, wollen die beiden Kinder mit einem Quartett spielen, das 32 Karten haben sollte; leider fehlt eine. Nach erfolglosem Suchen legen sie einfach das unvollständige Quartett weg. Als Vater mit einem Hundertmarkschein bezahlt, sind nur noch 7 andere Gäste da. Vater steckt das Rückgeld ein. Um 19 Uhr fahren sie satt und müde nach Hause.
Frage: Wie viel muss Herr Müller insgesamt bezahlen?

- Viele Informationen in diesem Text sind für die Beantwortung der Frage unnötig, andere ganz wichtig.
- Unterstreiche alle Informationen, die du für die Beantwortung der Frage unbedingt benötigst, oder streiche alle unnötigen Angaben durch. (Am besten nimmst du einen Bleistift!)
- Schreibe einen neuen Text, der nur diese wichtigen Angaben enthält!
- Schreibe deine Berechnung und die Antwort dazu.

Z Zu der Geschichte kannst du noch ganz andere Fragen stellen und beantworten.
Schreibe Fragen auf und bearbeite ein neues Blatt auf die gleiche Weise!

Wichtige Informationen in Stichworten aufschreiben

Andreas wünscht sich schon längere Zeit ein Fahrrad mit Gangschaltung. Er sammelt Prospekte und erzählt bei Freunden und in der Verwandtschaft von seinem Wunsch. Beim letzten Familientreffen bekommt er von Oma und Opa insgesamt DM 100,–, die er am nächsten Tag auf sein Sparbuch einzahlt. Schon vorher hat er dort einen Betrag von 265,– DM angespart. Der Vater verspricht einen Zuschuss von insgesamt 150,– DM, wenn er in den nächsten 6 Monaten von seinem Taschengeld noch insgesamt 90,– DM selbst dazuspart. Bis dahin hat er auch noch Geburtstag und hofft, die dann noch fehlenden DM 55,– als Geschenk zu bekommen.
Frage: Wie teuer ist das von ihm gewünschte Fahrrad?

- Trage in die Auflistung die richtigen Beträge ein!

  Auf dem Sparbuch sind bereits: . . . . DM
  Oma und Opa geben: . . . . DM
  Taschengeld-Ansparung: . . . . DM
  Zuschuss vom Vater: . . . . DM
  Erhofftes Geldgeschenk zum Geburtstag: . . . . DM

  Preis des gewünschten Fahrrades: . . . . DM

- Vergleiche deine Aufschriebe mit dem Lösungsblatt.

Mit Fragen und Antworten besser verstehen

☺☺

Jan und Anke gehen mit zur Erdbeerernte und möchten recht viele Erdbeeren mit nach Hause bringen und selbstverständlich beim Pflücken auch nebenbei essen. Anke bestimmt: „Jeder zählt beim Pflücken seine Erdbeeren. Bei jeder Fünferzahl und bei jeder Zehnerzahl darf eine Erdbeere gegessen werden."
Anke hat 36 Erdbeeren gepflückt und 10 gegessen. Sie wehrt sich gegen den Vorwurf von Jan, gemogelt zu haben.
Jan will wenigstens 20 Erdbeeren essen. Er pflückt deswegen schnell weiter. Am Schluss hat jedes Kind weit über 100 Beeren. Sie haben auch nicht mehr mitgezählt, weil sie gar keine Lust mehr zum Essen hatten. Bei der Frau am Verkaufsstand müssen sie insgesamt 11 DM bezahlen. Die Frau sagt, dass so viele Erdbeeren im Laden wahrscheinlich das Doppelte kosten.

- Suche dir ein anderes Kind. Lest zuerst die Geschichte.
- Stellt euch abwechselnd die Fragen und beantwortet sie.
- Schreibt selbst noch weitere solche Fragen auf.

Wer war beim Erdbeerpflücken?
Warum gingen die Kinder mit zum Erdbeerpflücken?
Wer schlug eine Essvereinbarung vor?
Wann durfte ein Kind jeweils eine Erdbeere essen?
Was musste für die geernteten Erdbeeren bezahlt werden?
Wer kassierte das Geld?
Um wie viel waren die selbst gepflückten Erdbeeren billiger als im Laden?
Sagt dir die Geschichte, ob jedes Kind gleich viel gepflückt hat?
Wie viele Erdbeeren hatte Anke gepflückt, als sie 10 gegessen hatte?
Warum pflückte Jan schnell weiter?

Eine Geschichte fortsetzen

Die Bergschule macht einen Ausflug. Zu der Bergschule gehören alle Kinder, die Lehrerinnen und die Lehrer und mindestens eine Mutter oder ein Vater aus jeder Klasse. Schreibe dazu selbst erfundene Rechengeschichten.
(Eine Rechengeschichte enthält immer Zahlangaben und deutlich gestellte oder versteckte Rechenfragen.)
Die Zahlen kannst du selbst erfinden oder von deiner Schule übernehmen.

- Schreibe Rechenfragen und die richtigen Lösungen auf die Rückseite.
- Suche dir ein anderes Kind, das deine Geschichte liest und die Aufgaben löst.
  Lass dir von deinem Partner sagen, ob er deine Geschichte versteht oder wie sie verbessert werden kann.

Eine Textaufgabe zusammenstellen

- Lies die einzelnen Sätze durch.
- Lege die Textstreifen in eine zeitlich richtige Reihenfolge.
- Suche alle aus, die du für die Lösung der Aufgabe benötigst. Sortiere die anderen aus.
- Schreibe deine Aufgabe ins Heft oder klebe die Streifen auf.
- Schreibe Rechnung und Antwort dazu.

Michael fährt mit dem Bus zur Schule.
Von zu Hause bis zur Bushaltestelle muss er 10 Minuten gehen.
Vom Busbahnhof bis zur Schule muss er noch mal 5 Minuten Fußmarsch einplanen.
Er muss um 7.55 Uhr in der Schule sein.
Michael fährt mit der Linie 9.
Der Bus fährt um 7.25 Uhr ab.
Der Bus muss noch an einer Stelle anhalten (2 Minuten).
Michael fährt insgesamt 15 Minuten mit dem Bus.
4 Kinder aus seiner Klasse fahren mit diesem Bus.
Frage: Wann muss er spätestens von zu Hause weggehen?

Informationen aus einem Text in eine Tabelle eintragen

Familie Schubert und Familie Klein fahren zusammen mit ihren Autos in den Urlaub. Familie Klein hat einen Sportwagen und kann an Personen und Gepäck nur 220 kg mitnehmen. Herr Klein (88 kg), Frau Klein (67 kg) und Julian Klein (43 kg) haben mehrere Gepäckteile, die zusammen 60 kg wiegen.
Die vier zur Familie Schubert gehörenden Personen haben ihr Gewicht auch auf der Waage festgestellt, weil sie wissen wollen, wie viel Gepäck sie noch mitnehmen können (78 kg, 63 kg, 34 kg, 45 kg), zumal sie auf dem Dach das Schlauchboot transportieren, das alleine schon 55 kg wiegt.

Frage: Wie viel Gepäck kann die Familie Schubert höchstens noch mitnehmen, wenn das Auto mit maximal 400 kg beladen werden darf? Sie haben sich bereit erklärt, Familie Klein beim Gepäcktransport zu unterstützen, weil sie im Urlaub auch mal mit dem Sportwagen mitfahren dürfen.

- Übertrage die Daten in die Tabelle.
- Entnimm die wichtigen Informationen und mache den Familien einen Lösungsvorschlag!

	Angaben in Kilogramm			
	Personen	Gepäck	mögliche Zuladung	zu viel/ zu wenig
Familie Schubert				
Familie Klein				

Antworten aus einer Auflistung entnehmen

Bei einem Ausflug auf den Fernsehturm in Stuttgart lesen die beiden Kinder von einer Tafel folgende Entfernungen ab und stellen sich gegenseitig Fragen:

Rechberg 44 km
Hohenstaufen 46 km
Hohen Neuffen 26 km
Katzenbuckel (Odenwald) 91 km
Kniebis 73 km
Teck 28 km
Feldberg 130 km

- Suche dir ein anderes Kind.
- Stellt euch gegenseitig Fragen und beantwortet sie.
  Zum Beispiel:
  Frage: Welcher Berg ist 2 km weiter von Stuttgart entfernt als der Rechberg?
  Antwort: Der Hohenstaufen.

Informationen zum Rechenweg einzelnen Wörtern entnehmen

Manche Wörter oder Wortgruppen geben einen guten Hinweis, was getan werden soll, und helfen damit, den richtigen Rechenweg zu finden.

■ Schreibe als Wort oder Rechenzeichen dazu, was gerechnet werden soll.
Zum Beispiel: plus, minus, addieren, subtrahieren, malnehmen, multiplizieren, teilen, dividieren

gleichmäßig verteilen	....	Unterschied ausrechnen	....
wegnehmen	....	ergänzen	....
ausgeben	....	verlängern	....
bekommen	....	zunehmen	....
zusammensetzen	....	abnehmen	....
einzahlen	....	verkürzen	....
abheben	....	mitbringen	....
doppelt so viele	....	kürzen	....
die Hälfte	....	aufladen	....
verschenken	....	abladen	....
zusammen	....	das Dreifache	....
untereinander aufteilen	....	viermal so oft	....

Mit Texten umgehen

Klassenrechengeschichte weiterführen und lösen

Hier sind einige Beispiele für Anfänge von Rechengeschichten.

- Rita hat 32 Murmeln.
- Im Zimmer sind 16 Kinder.
- Markus hat 56 DM gespart.

Durch Anfügen von je einem Satz können mehrere Kinder eine ganz lange Rechengeschichte machen. Jeder Satz muss in eine Rechnung umgewandelt werden können.

■ Schreibe jeweils einen Satz unter die angefangene Geschichte und dahinter die passende Rechnung. (Hier helfen dir „Signalwörter" beim Aufschreiben und beim Rechnen.)

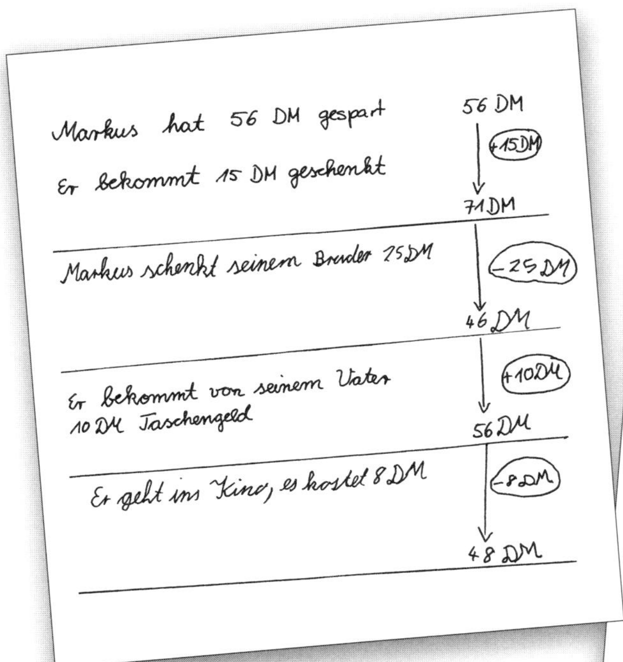
Markus hat 56 DM gespart — 56 DM
Er bekommt 15 DM geschenkt — (+15DM) — 71 DM
Markus schenkt seinem Bruder 25DM — (-25 DM) — 46 DM
Er bekommt von seinem Vater 10 DM Taschengeld — (+10DM) — 56 DM
Er geht ins Kino, es kostet 8 DM — (-8DM) — 48 DM

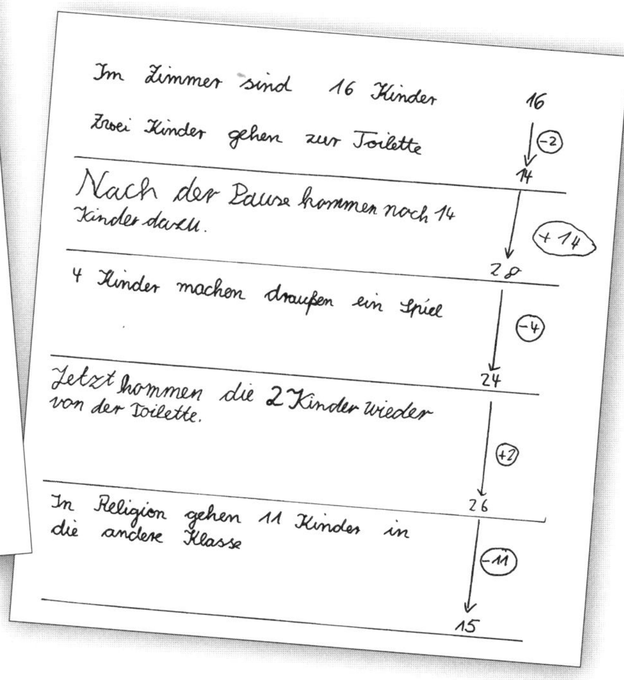
Im Zimmer sind 16 Kinder — 16
Zwei Kinder gehen zur Toilette — (-2) — 14
Nach der Pause kommen noch 14 Kinder dazu. — (+14) — 28
4 Kinder machen draußen ein Spiel — (-4) — 24
Jetzt kommen die 2 Kinder wieder von der Toilette. — (+2) — 26
In Religion gehen 11 Kinder in die andere Klasse — (-11) — 15

Z Zeichne mit Pfeilen eine Rechenkette auf und suche dir zwei bis drei andere Kinder, die dazu jeweils passende Sätze schreiben, die zusammen eine Geschichte ergeben.

Zu vorgegebenen Antwortsätzen eine Textaufgabe schreiben

- Schreibe zu mindestens einem Antwortsatz eine Textaufgabe.
- Hefte sie an das vorbereitete Plakat.

Die Busfahrt kostet insgesamt 36 DM.
Das Guthaben auf Anjas Sparbuch betrug 120 DM.
Er bekommt 21 DM zurück.
Eine Ananas kostet 4 DM.
Das Auto kostet ohne Schiebedach 32600 DM.

Hans wirft den Ball 8 Meter weiter als Karl.
Der Luftballon von Jochen flog 237 km weiter als der von Pia.
Herr Holzer hat von seiner Leiste 30 cm übrig.
Der Wohnwagen ist 115 cm länger als das Auto.
In einem Monat wachsen Pauls Haare 2 cm.

An 7 Tagen frisst ein Elefant 420 kg Futter.
Das Leergewicht des Lastwagens beträgt 3400 kg.
Zum Pflaumenkuchen werden 80 g Butter benötigt.
Die Kartoffelkiste ist 4-mal so schwer wie die Einkaufstasche.
Fritz wiegt 5 kg mehr als seine Schwester.

Jedes Kind bekommt 3 Mohrenköpfe.
Die Kinder können insgesamt 4-mal mit der Bahn fahren.
Die gelieferten Reifen reichen für 13 Autos.
Der Autotransporter muss insgesamt 4-mal beladen werden.
In jeder Gruppe sind 13 Personen.

Der Bus kommt um 17.25 Uhr an.
Die Zugfahrt dauert 2 Stunden und 30 Minuten.
Die Kinder müssen noch 5 Minuten bis zur großen Pause arbeiten.
Karl ist 5 Jahre älter als seine Schwester.
Der Käse ist noch 2 Monate und 20 Tage haltbar.